ORFA / NATOS

ORFA / NATOS

ISABEL OJEDA

Valparaíso
EDICIONES

Número 538 de la Colección VALPARAÍSO DE POESÍA
dirigida por FEDERICO DÍAZ-GRANADOS

Diseño de la colección: Chari Nogales

Maquetación: Ciclo Creativo

Primera edición: enero de 2026

© De los poemas: Isabel Ojeda

© Valparaíso Ediciones
C/ Fray Leopoldo, 7 bajo, 18014 Granada
www.valparaisoediciones.es

ISBN: 979-13-88007-22-4
Depósito Legal: GR 132-2026

Impreso en España - *Printed in Spain*
Gráficas Gami

ORFA / NATOS

¿Por qué nací después de ella y, después, crecí aquí?

PRÓLOGO

La papeleta de nuestras vidas

El abandono es un lugar. Un sitio geográfico al que se le pueden poner coordenadas, climas, paisajes, puertas. Su topografía está definida por el dolor y la ausencia. Tiene gentilicio propio: huérfano. Podríamos pensarlo como un espacio lleno de misterio, pero más que nada está lleno de hechos, de ecos que se pueden enunciar solo en determinados lenguajes. Uno de ellos es la poesía, donde caben todos los lugares, físicos e imaginarios, y donde caben también todas las ausencias.

Leer sobre abandono y aislamiento nos puede remitir a muchos tipos de orfandad. Personalmente, la obra me transportó desde su título a la juventud de mi madre, que a sus veinticinco años dejó la paulatina ciudad que conoció toda su vida para ir a vivir al entonces Distrito Federal. Se fue sola, para continuar sus estudios, dejando atrás a padres y hermanos. A través de sus palabras, he imaginado a la gran ciudad como una bestia caótica que hay que aprender a domar, como se doma también a la soledad y a la extrañeza de los nuevos espacios. Tras muchos percances, encontró un lugar para vivir: una modesta casa de la colonia Roma que recibía a señoritas de todos los rincones del país, dirigida por una monja. Mi madre bautizó aquel lugar como *El orfanatorio*, en una broma juvenil en la que vemos colarse sus sentimientos de la época. Aún después de tantos años, sigue nombrando así a dicho lugar cuando me cuenta algún relato sobre aquellos tiempos.

Mi madre me enseñó con su historia que los espacios donde crecemos nos definen, y que la sensación de orfandad no se reduce a la muerte de los padres ni a la infancia. Isabel Ojeda, en este libro, me reitera todo ello a la vez que me lleva a pensar en cómo las formas de la orfandad son una miríada de soledades, de añoranzas. Conviene, como hace ella, explorarla desde esta etapa primigenia en que comenzamos a entender el mundo, inevitablemente, a partir del lugar que nos cría. Isabel lo logra con una mirada novedosa e interesante: escudriña la infancia desde distintas voces del abandono, reflexiona sobre estos lugares con la palabra poética como herramienta y como fin mismo, con una experimentación del lenguaje que nos ofrece imágenes potentes, figuras barrocas, ritmos vibrantes, juegos tipográficos, invenciones y apropiaciones del español entre las que quiero destacar una nueva palabra predilecta: *inexistir*.

Atravesemos entonces los pasillos de este *universo de dos kilómetros*, recorramos sus dormitorios llenos de pesadumbre, leamos con atención esta papeleta titulada *Orfa / Natos* y exploremos el lenguaje del abandono.

El poemario estudia la infancia vivida en un orfanato específico: el España México. Este sitio me toca particularmente porque forma parte de la historia de mi ciudad. Se trata del internado donde Morelia recibió a centenares de niños y niñas que buscaban, quizá sin saberlo, un escape de la Guerra Civil española. Pero *Orfa / Natos* no nos muestra este lugar con intenciones historiográficas, pues no está ambientado en esa época, sino en 2003. Más bien, lo que tenemos es una radiografía de las condiciones más lastimosas y desoladoras de la infancia, con un énfasis en las repercusiones emocionales que produce crecer en un lugar como este. Incluso si se trata de una infancia relativamente reciente, la voz poética habita un lugar que se siente viejo, lejano. Hay un desfase temporal entre el momento real y la manera en que se percibe el tiempo y el espacio en medio del aislamiento. Aquí, a raíz de una carencia, las infancias comienzan a imaginarse un nuevo mundo.

Un mundo obligado. La añoranza es un punto clave de la imaginación, y su consecuencia es la creación de otros espacios mentales como forma de escapar de la realidad, del abandono.

Esta papeleta nos adentra en un colegio del que conoceremos sus patios, sus dormitorios, sus túneles y laberintos. La papeleta esconde un nombre y entierra un pasado. La imagino tenue, en manos temblorosas, y conforme la leo, encuentro preguntas y respuestas en igual medida. Encuentro voces de infantes que están aprendiendo a lidiar con su realidad, que se hablan a sí mismos sobre las clases de español y las larvas y el hambre y los contrapuntos, que desarrollan la introspección más apabullante en expresiones como:

A veces / creo no estar en ningún soplo.

Y que entran en profundas cavilaciones como la siguiente:

El miedo corrompía nuestra ingenuidad
para herirnos entre sí / fobias
tornados
semejantes a su formación / levantaban nuestras radiculares raíces
y las dejaban anémicas / sin facultad de tener nuevos brotes rosales.

La papeleta se abre ante nuestros ojos para vincularnos a un personaje con cuerpo de estambre, al que veremos descoserse o entretejerse, o ambas cosas a la vez. Presenciaremos violencias latentes, tanto en la memoria como en la actualidad de las voces que entonan estos fragmentos. Percibiremos a la muerte como otra más de las irremediables añoranzas infantiles. Nos admiraremos de sus meticulosos pensamientos sobre la corporalidad, o mejor dicho, su *corpo-realidad*. Descubriremos las emociones que guardan los huérfanos en sus mochilas. Observaremos las circunstancias del aislamiento. Y al final del recorrido, tal vez nos cuestionaremos todos estos procesos y las condiciones de la ausencia.

—*"Si me voy" / ¿qué se rizará aquí?*

Este libro nos acompaña en cada página de la manera en que esas infancias abandonadas de las que habla debieron ser acompañadas. Entre sus metáforas y articulaciones, cada fragmento deja ver sentimientos que resultan desgarradores si los asociamos a las infancias, lo que me ha llevado a preguntarme sobre los lugares, los espacios, que en la actualidad en nuestro país podemos ofrecerles para que comiencen la vida con la mayor dignidad humana posible. ¿Cómo son los orfanatos y cómo podemos, como sociedad, convertirlos en el mejor lugar posible para albergar a las infancias? ¿Y cómo las tratamos, también, fuera de estos espacios de reclusión?

Estoy segura de que todos estos planteamientos a los que me ha conducido la lectura son totalmente relativos, personales, ya que se trata de un libro que evoca ideas que cada lector podrá asociar a distintas reflexiones en base a su experiencia y sus intereses propios, como acontece frecuentemente en los territorios de la poesía. Isabel nos ofrece un libro singular, que se corresponde completamente con la noción de la *obra abierta* de Umberto Eco: es móvil, dinámico, no contiene una única interpretación posible sino que cada persona que se acerque a él podrá desarrollar sus propios puntos de vista y recorrer caminos totalmente propios, sin necesidad de coincidir con otros.

Contrapuesto al orden y la rigidez de un orfanato, *Orfa / Natos* nos abre la puerta al *Desorden* del que Eco decía que surgían la variedad, la imaginación y la creatividad. Aconsejo que nos adentremos en este espacio de pasillos oscuros y *juegos de poca duración* con la curiosidad y valentía que quizá nos heredó la infancia. Porque estoy segura de que todos y todas, en esta papeleta, encontraremos también algo de nuestras vidas.

MARÍA ALANÍS CORRAL

1

Aquí la papeleta de mi vida
    aquí / con mi madre y en medio de las dos:
                azulino pantano

        Presa sardesca de madre / acuosa mano de hija

En cada zapatazo / nuestra vida mutua es nubífera
    se veía más pálida
                lampiña
                     con intensa
olorosa ausencia

      No era cerúleo maya
           de súbita planta
               se mantuvo en nuestra choza
          atribulada
por mis saltos en ventanas
        por golpes de padrastro en sienes
              en mi cuerpo de estambre

Se confió al descosido pez

Yo le insinuaba
                    a todo aquello columna de extinción
          cuando mi madre decía:
                    —En miércoles están apariciones
                              Al otro lado de la barda
          donde no está *Morelia* vasta / resbaladilla
                                        recibía mis orines
          para no ir por fusiforme campana

                    No pedía alegría / se apaga del vaso la ayuda
                              PEDÍA
          la súplica del que lleva décadas en una caja siendo zapatos

                    QUERÍA
          que mi madre / usara derrengados calzados
                    de mujer carcasa / yendo al trabajo / y no quedarme

2

Testas aves en gestión de esta desalmada pieza
Director asemejaba al latón
                    deteniendo puertas

                    Yo / fuente
      en último trote con mi madre

regando líquida
      delante a ese día como si fuese / en lo único que me
abastecieran
            hasta "irme"

                    Era lo que en su interior padecen

Me apena la mochila / me da pena el ropaje / no recuerdo
sus apartados
            no eran zapatos sin pareja

                    Ningún juguete se entretuvo
                    a cambio de esconderme

No hay huella de esas prendas / cruzan aquel férreo

No dejarán ser el hermano menor / que aún no admiten

***

Comencé mi entrada
comencé el transcurso
de no pertenecer a mi madre
transcurso de volver sin fuente al parque

Fuente recibía animación / monedas
lanzan regresos de ciudad

Ella concluyó la petrificación de nuestra ausencia
con yemas tan secas de razón

Llené mi maleta de tan morriña agua directa a mi litera
BUSQUÉ en resortes
vidrieras que llevarán al contrapunto

Escarbaba / y escarbaba
algodón de pesadilla
deseando quedarme un año / hasta que sus atajados pies regresaran

3

La maraña es temprana / apenas luz nos hace eclipse
en dormitorios de su España-México

Conserjes chicharras a la orden / de infantes expuestas
en mosaicas
                sin marcos de entrada

        Mi insuficiente masa se resistía a oler palabras
del que me viera / prepuberales no me daban confianza
                ni mi vaporosa
                        se agitaba para regalárselas

Aquellos baños te imputaban
  tal como a padres de aquellos hijos / vinieron de Europa
                hace tantos coléricos
                        AQUELLOS
                hijos y no hijos
                        se hicieron por no volver por ellos

Nos dejaron impregnadas sábanas

4

[Voz de Hermes]

—Refugio a loros en trance a ta de alleres
y de totus aprenden / bolear dotes ó pelumbrar eros
con fe confectio un veneno / une formes di profeta
       Distendidas escamas en maña hará y riega era
sin postigo se han de pipar / refugia tiende estera de su pipe
desazona esta zona se queda

[Niñez hace fantasmear letras con delirio]

5

Trato de no dejar
abandonado aroma
toma duchas de dos sonsonetes

Hago que este internado
me siga gestando a los seis años

Es mi futuro gerundio
es mi media cama
son mis medias hermanas
sin paños en las tempranas

Vigilias
abuelas criando
te ponen junto a tu lechuza muñeca
por no hacer caso a la litera sin rígida lengua

6

Eternos dormidos
                  puntuales
      de 9
         pues abismos se drenan en desagüe

                Acá solo existe zafacón de lagañas
           zozobra de ensueños

Órgano se ensanchaba
                  generando pensamientos en bañera
                        AGITADO
    su intervalo / minúsculo de ahogo

        Nos cohesionamos en coladeras
            cuando se piensa ser antera fábula
          ALGO
      en contra de espumosa bañera

Temblor hacia esa sustancia
        con pizcas de perlados testimonios
            Manipulan mi cuerpo pringas
        se manifiestan en granos
             colman relojes de arena

Mi reloj se sentía apenas con clepsidra /
tripas siempre hinchadas
            de furor / cabeza / protones
                    y
              gravedades

7

[Voz de Hermes]

—Al no comer han de mastigar / en calefón con lobreguez
TLÁLOC / LLUVIA
decolora hilos

Rasparon por igual gis y tiza de pluvia sin sonrisa
PLUVIA
será mes que te hizo y en insomnio seas llano

Leyendas del interior escupen / abruma al búho
vela sombra del loro fano
con muerte pasar / por pabellón tres

Con punta de cobija se protegerá al sentir peces jalar

NOCHE EN EL CALEFÓN [1]

8

[Voz de Hermes y segunda entidad]

—Paladín de recortada edad
Adalid de belicosos periodos / Marcel juega quattuor
       alas de mercurio
Guerrilleros fuerzan sus carcasas para bacillum "Quinquin"
póstumo cartero / ídolo de loros / ensalmo

—German escribe oraciones sobre corrosivo fierro de su cama
desde aires / monarca mariposa cuando cambia de túnica
       Bajen estrellas de liz y esperanza
       PAM / BUM / BANG ALTERAN

—Pinte al dejar el conjunto: *No me olvides es mi flora favorita*
Loros contemplaron alegre ardor sin color / gemelo lago zafre
cuando el que nace se recarga

9

[Fuimos trágica balada en caída / música
gatomusa]

Repito
un dilema musical / me acompaña
desde que lobos se arrimaron a esta división
de salvajes y de crueles / dilema clásico
uniforme
agnóstica plegaria a reconocerme / aceptación

A veces / creo no estar en ningún soplo

***

Si en re reprocho / La Campanella ha de ponerse de fondo
Y si del cuadrado cabello de Liszt yo me rio / Mozart se
une conmigo / Beethoven ha de ponerse sordo / Aparece
Bach / nos mata y queda preso / Le visita el Cura
Vivaldi de pelirrojo cabello
Su seguidor Chopin toca un nocturno e imita a Franz
este / por lo cual / se vuelve a emberrinchar

—La música es un buen agudo / tiene a loros despiertos

10

Mitad de tarde acercándose al amplio patio
SUENA
SUENA aquella melodía
parece cantar sin necesitarnos
ha estado detrás del cerco sísmico
da vida con aguijoneada capa
libre de ser poseído
por espinosa opuntia

Abrimos bocas

pensando con tres dedos de perezoso

¿Nuestros lisos son desmesurados largos?

Creíamos entender esa poesía
constelación
nos da bostezos
y su última parte / se nos pretería

Himno tan mestizo como nuestros cabellos
                                    moradas de bichos
            Himno de bocas negras
                                    nada violetas

«Constelación con rostros de a mayor»

[Voz de Hermes]
Mi himno no es colonial

—En él comen infas / antes hacen re en unión
 en vid espera timbre edda / al patio se llena otro y dor corre
Poufanos alistan para gorjear hymnos con potosina de
Boca Negra
　　Todos en fabas soñaban / todas expulsan ramas
a la par cántico marcial

　　　　　Do / mi sol / sol / si do / sol / mi

11

Mi primer alimento en comedores:
pasadas frutas
ninguna parada

Sillas invitaban a huérfanos
creí siempre / que se nutrían de nosotros al ser tan largas
reclamaban calcio plásticas patas

Memorizo papilla sabor vainilla varilla
sabor a barro o sabor al llanto / siempre fue
ingrediente secreto de mis meriendas

No demoré para que noventa kilos en mujer /
me dieran cucharas
en trompa / en tráquea / en mi ánima
Mujer convirtió lo soso a cuerpo / *se lo está comiendo el creyente*

No dejó agonizar tantos bocados / tampoco asistió lastimada
hostia

Manos se estremecían entre lúnulas y paleta
no era un cohete
viniendo con velocidad de llamada

—LUCHA / LUCHA / TRAGA / TRAGA

[Palpitantes platos / sí tenían un fin / que no era claro]

12

Otra nocturna con la lechuza

Susurré cada bocado
hasta pegar mis pestañas en mármol

Soy lamentos / calefón / estatuilla
quiere dar bonhomía
pero no con ese sorbo

¿Cuándo se inventan dioses? / Yo deseo ser su exquisita frase

13

Húmedas navegaban en poros
$$salpicaduras$$
agujero de ballena sobre mi cara
no medía más de veinte centímetros
NO LOS MEDÍA

Frías manos / treinta centímetras
a ciento ochenta grados sufría

Parecía mi fin a los seis años / allí
en calefón de años dos mil

NOCHE EN EL CALEFÓN [2]

14

Tardías son para oficios
es abulia a fogata aprendiz
¿Mis partes codiciaban zurcir / peinar o bolear?

Mejor percibir / a dar
nictálope agua en callejón

Al tapar tareas nos dirigían a columnas:
trompetas de elefantes
donde no se pueden libar a niños de ilusiones / manos
provocadoras de risas
prometen modernos visitantes y no nuevos padres

Pasillos zangoloteaban cabezas con historias
perversas del pabellón
no se llenaron de camillas y crujidos cristales
hacen sintonía con muelles

El miedo corrompía nuestra ingenuidad
                    para herirnos entre sí / fobias
                    tornados
semejantes a su formación / levantaban nuestras
radiculares raíces
y las dejaban anémicas / sin facultad de tener nuevos
brotes rosales

Ridículas raíces

15

Parches / cajas vitales / batalla sin civiles
                    en búsqueda de inexistir

            Sarabesca sin carácter de contienda
en patios de colegio y techada sigla veinte

 Al antropológico:
                    —*Es imposible avecindarle bosques / piélagos*

Ambos sitios / un duende
                    en máquina contando
                                        letras de años

            Las manías de mis hermanos
eran de tez morena / trigueña
                                        se unían
            para retozar en pelea / siendo conjunción de lugares

¿Qué amor dieron?
orquídea encontrada en prismas / extraña creación
desconocido de rocoso origen /
fascinante leyenda
clarinete e interna orquesta / ópalos
adormecían centauros de mondo / sus turquesas
y astríferos de diamantes

Hoy / no sé nada sobre ustedes

16

Amigos se forman al compás
de lo que me olvida mi madre

Corta vista confunde oro negro con perros
las veo
sus fluidas manchas en pupo de semana

Le insistía que no me desmembrara de emoción / ni
marrones preguntas

COLGADO MIÉRCOLES
en su faltriquera / golosina
cinco años / caldo / arroz con asco y ciruelas

Se sentía una nacida criatura su llegada
decapitando su volatilidad

Siempre mencionó que "la resistencia"
podía encerrarla

El momento no me ha dado polvo / por fuerza
debía excretarlo en adictiva edad

[Volví a escarbar algodón]
Túnel era cada vez más lato / más laberinto
que sano escape para angosto jueves

¿Estoy consciente a mi edad?

17

Porción de semana se sentía sorda

Se escuchaban resortes en carnes de infantes
SORDAS
producían resguardado llanto en intempesto estanque

VOZ DE HERMES

—Bolera intrinca al infante / se encuentra
postrera
melodía da aire de comisura

No me entero del infierno: "endurezco"
Desconocía que frescura viene del bien:
danza

Vientres soban
hasta más zafia alimaña
El mal hace mastuerzo a bestias
refuerza
bondad del crédulo

18

Cuando somos lozanos duraznos
　　gente simula alimoches / nos hacen cariños
nos inventan jardines
　　　　　　　pensados con atención de pita

　　Mis vértebras no vieron africanas
　　mi carne no fue nudillo / mejilla de sucia rasceta
　nadan vistas
　　　　　　—Esmeralda / ¿Qué se es?
　　　　　　Mi nariz de trapo en tina

Tengo putrefactos / dejados en dilatados

Mis cabellos siempre fueron secos
eléctricos para cebollas mujeres
límbicos cepillos

Cizallas solo sabían un corte:
estilo patio jícara

Hicieron al títere / me sacuden del vestido
hacen en cara silicona los goteros
niño no me eligió en su juego

«Es aquí / donde mi identidad se destaza»

19

Me tumbo
        en esta parte / tiendo mi cama
                nos metemos entre chicas a las duchas
y vemos nuestra totalidad
                          la inmadura

Caen inmensas gotas
                trillizas veces en comedor
nos sentamos sobre la clase
                hay endocarpios sin almendra

Cuando se bolean frecuentes zapatos
              caen cinco inmensas

20

Nadie se atreve a mentirle a una sonrisa
Sé
que la gente está cansada de mis pecas

Tortura se había convertido en chaval
ataviado de cero
es el grado
que se inclina Dios para abandonar a los humanos

A la víctima le era insoportable verme
su pesadez
jabalina

Pocas cosas / ¿Me pertenecían? / Rotas hacía
en segundo piso de jaulas
Sibilino me producía rabia
esfuerzos de mi madre caer en manos del

FANTASMADO VACÍO

Sus dedos se hacían navajas / momentos / nefastas astas
su chasquido / monstruo de cualquier habitación

Creo compartir misma maestra / ¿Me aborrecía?
Él
su pasivo tabaquista de odio / veía su perfume arder en
doble puesta

Su espectro rostro pedía otro aroma
menos huérfano
golpes le recordaban una escena / mostrándose con picosa mira
a espantar sale
dianche
Simula al sigiloso Agares
también era un aroma /
todo huérfano

«Eres víctima del universo de dos kilómetros»

21

Un rezo

        pidiéndome posición / se manifestó morada
        tilica
           al quinto miércoles

             Rodilla rogaba mi prematura salida

        Expansivos labios con su savia

RESONARON:
—¿Le temes al mal? / no tiene memoria
    encontré ahí última pera de "civilización"

       [Hallaría aurora sacapuntas con aburrida cortaplumas]

22

Prefectas culminaron contienda
$\qquad$ cuando sus voces
$\qquad$ fueron extremo
$\quad$ al ver mis alborotadas cobijas

Arte de comunicarse
$\qquad$ me sabía a carbón

$\qquad$ —¿Quién se comunica?

Mi supuesto chantaje usado
$\qquad$ de combustible en mi subsistencia

Me encaminé al campo
$\qquad$ de invernaderos jugadores / unidas palabras

$\qquad$ hacen memoria
$\quad$ a una espiral hierba postrera

He soñado acampar
$\quad$ en limitada natura del instituto / verificando faros
$\qquad$ tres mentos
$\quad$ *Anhelo verles entrando asedios*

23

Le perteneces a la civilidad / cambia
                    flor por una cáscara
        no existe mejor ejemplo
                    tu adaptación

Andas por bordes
                    de rastrojos
                                —¿Eliges lo que comes?
        Tu ácido te da hambre
                    máquina biológica cambiando frascos
                moscados tus ojos
            todo te pertenece cuando no se admira al derroche

—¿Por qué no cambias tu orégano olor por monarcas aletas?

                    Y nos das tu resistencia

Quien vive allí apetece ser romero
                    para no verlas en trastes de fobia

.

Una manada en taza
                    da ideas
          giran en parrilla
            libreta de recetas inventándose cocineras

Desde hace un proceso
                    luz es migaja
    bocados son espectros cerca de mi acnestis

          Muerdo no me traga
                              con bicho de madrugada

                    Sopas parecen tener larvadas
                Larvas de cucarachas se cuecen
      en oasis de estufa / en tuberías donde no duermo
                                corren infiernas
                                hambrientas
              ¿Festín servido por meseros?

                    Mi inconsciente deleita al caníbal
          ¿Es un óbito deleite al devorarme?
          Deleite morir cruda
                              después cenan
                    deleite morir a tientas
                MURMURADA
      deleite de ser sobra en tarja / festín de mangata
      de un entierro / no derretidas setas

                    ***

Las puntas del sol / pan abajo

yo arriba

siervas dueñas de lo que no se come

Sobras devoran del pobre / pasean en segundos pisos

donde lagartijas sufren cocción de un núcleo

y sus envueltas

salobres

Sabuesos las huelen como extraños

se aparecen de súbito

—Se comen / son indefensas

imagina si fuesen colosales

CUCARACHAS

que comen humanas

pueden perdurar sin zancas hasta que el apetito

se convierte en avaricia de extremidades

¿Fobia de costumbre / se gestó en otro estante?

24

Lo guinda de la carne de mi madre
    tenía angosto perfecto para darme vida o sofocar
su densa sustancia tragaba al igual que
        glóbulo
Debía estar más dentro del vientre
                dentro de fuera
dentro el oxígeno / lento no entra
          Pulmones contraídos de gong
      atmosférica miasma

Bufanda de carne insinúa decapitarme
    caer en suelo de pelvis porque tiempo
            compañía
    escaseaban

        No recuerdo porque no insisto
   ¿Huir de la choza cálida de mi madre?

***

Algunas formas se manifiestan
en fatua adultez
crecido cigoto
en pulso / secular existencia

Manos tocan paria pegada en redondas paredes
soy cansada cara
vetusta
todavía no era niña

No sé si luchaba contra mi propia muerte
Quien no sale
muerte y no nace
Si sales del sagrado aparato
SALTE
¿Vivo o nunca vivido?
es hijo que le pertenece
más hijo del ente candil

Si revivir es tranvía para morir
si morir es trance para revivir
¿Y si vivir es tranvía para morir?

***

Usa tus manos
con sangradura mitad
                                    presiona
curiosa cuerda
                desnucada cuerda

—Tan anciana y desnucada / anciana de seis años

                        ***

La cuerda aún preparándose a la rotura [...]

25

No desvíe lapsos al enredarme el cuello

    Veía mi cuerpo
                ser espacio celeste
aprisionando
                épocas con agujero sin color
    también gusano

Me intranquiliza
                restallador silencio
  hora de tender lobular cripta
                    Familiar sonido
inmediato
              ciña / se escuchaba
  como costal de lilas vaciar

Cabeza transfiguró lucernaria
                    arquitectura de tercer piso
      niña de segundo grado
            en contra de currante lujuria
Sus desiguales se escondieron
              en papeles que rondan
                  ciudades de
advertencia

      Con resonancia a la imagen velaron / después de tantas
      seguían siendo táctiles como huesos de medusas

26

Ritmo se disfrazaba
                    de suerte

No ser / otra vez
                    estambre cuerpo en arqueta
de los que no usan aguja
                            ensimismada en canas
        CONSERJE EN ALUMNA

Hilos estaban liados
                    toscos / abrieron latas sin anilla
    a mudas margaritas

            —Todas esas dípteras
                    "necesitan tocar para vivir"

    Décadas
                no tenían números
detalladas estacas
                    todas pupilas

sobre nuestra cordera carne / balaba:

                        —Estoy en celo
Sometían en sencillo
            ¿Estaba circunvalada por hadas?

27

Una vez
quise ser demente
apareció vieja iglesia
lejos oeste
calor llevaba a la insania / caminero tenía su guía
arpa de plata

Su madre y él / especie en roja cama
río
dientes hacia nosotros

entresijo
destruida gruta
como guarida de torcido
llegando
parecía hombre

—Se abría lo malévolo del sollozo curso
hachazos de enojo
lanzaba al peñasco

Dirigiéndose hacia mí
desmembrándose
su madre
escuchada en alaridos
por última vez en vida a su hijo

Me he regado paralela muerte

28

Éramos ciempiés

mareas

¿Qué hacíamos con cosas?

Alineados asteroides con anillos de Urano

para formar lo que nos daba sosiego

un adormilado

puntos de salpicadera / limpiamos en columpios

dejan su oxidado aroma

en heridas con pieles / mismo día

diferentes estaciones

sabana mejor olvidaba junios

Tayloristas esclavos

dos ceros y nueve

sincronía de relámpagos

en distintos baldíos / diversos rasgos

y grietas desmedidas

Manos crecían

en trapos de cien edades

palpitaciones

minutas haciendo lo mismo

heladeras ignorando lo que congelan

Desgarrados de lo repetido
                         gastado pájaro del bolsillo
para los que vivían fuera
                         se veían deshidratadas
      casacas de sendero
                   fronteras trazadas / no decididas
por águilas
Nuestra cama parecía campo de exterminio
                         murió antes / desvelada
momia arruga
                   pira después de refugias
                         ¿Griegas se remodelan?

                      ***

                      Todos costumbre en uso del hábito
repetido anuncio

                      química fase de práctica

29

Salones
        pizarras con blancas letras pulverizando huesos
                mezclan
conforman idiomas

Entendíamos español
           y el ESPAÑOL estaba en cada niño

Asimetría se manifiesta
              en móviles siluetas
loros nos visitaban (a siete)
                horarios no ayudaban
a cometas con sumas

En primer piso
           desconsuelan biblias
                  NO entraban

Alrededores servían parecido a veredas
              para roedores / sacan cadáveres

    Juventud no es pana pócima
                mandíbula
gis de médula
           responde en grupos de ocho

Distancia de mi libreta

                         es alzar voz
                                  diferencia
entre confusión
y más confusión
                    no aprendí nada

                    —Distancia entre lo que se alcanza
          no te alcanza para nata

     Inundación de leche
                         toma cuerpo de mi lápiz
          y de todas maneras
                              no tengo dónde dibujar
                    Mochila tiene velas
     del cumpleaños pasado
                              pero menos lápiz mental
con él/ anoté deseos

                         ¿Dónde está mi lápiz?
          ¿Me estará buscando en casillero de otra alumna?

Mejor condenado para diablo:
                              el que se fía del tizón
          en el único jueves del siglo XXI

por internados

OLVIDÉ MI LÁPIZ DE LECHE

30

Siluetas
    alivian insuficiencias
        cómo suplen caricias
cómo suplen vientre y pechos
       dan limpio suero
       ¿Qué estómagos digieren?

Todos mudos miran
      discentes a la avioneta
pizarra
compartimos cosmos caja
       vestimos mismos modelos
carencia en muelas
       máculas en sangre
        con anémicas páginas

   Es impuro atole sin nutriente
     rodillas en cuatro direcciones
nuestras voces en cercas
    pintadas manos / reproches
      intentos de no desprenderse del aceite
Fluido de orga adherí
     calzones tiras se lavan en patios

        Se busca una oceánica pórtica
      donde altas no sean tan olas
       y estén tan solas para huracanes

Eran tantas olas en nueve pisos
con soledad anónima

antónimas soledades tupidas en simbiosis
en pudientes selvas
donde animal tiene tripas del mundo
circulando turbaciones

—¿Quién es soledad?

Soledad
número del tres al catorce
lejano sueño
MÍRALA / disipa realidad extraña de niebla
incoloras llenan
de distancias bajo intrigoso amanecer
Conciencia
se hace nómada / se aduran huecas siluetas
alumbrado se arrastra ante sus sumisas sombras

Esas sombras ya no se usan tanto

***

Tenía tantas dudas de qué era la felicidad
parece juegos de poca duración
que no están respirando

31

Ojalá olvidáramos ser palpitas venas

                                           sin tejidos

      Alucino que vuelo

                      tomo raza de *Peter Pan*

sobre maldición

                    artificial claridad

           Me veía con pistaches ropas / pelos de tomate

           y alas naranjas de *Hermes*

Saco de sus sarapes a huérfanos

                  por primera vez

                     sus caretas no son

calendarios

      Hacemos artificios de vitalidad

                        trucos

nos sirven para convertir miradas en montes

                somos brujos

        construyéndonos paisajes / llegando al barco

        donde fuimos a purpúreas nubes

Ya nadie se regresa

           vamos en inventada ligereza

nos pierden en sucesivos días

              Somos un imaginario

         ronda a tu mascota esperando la pelota

—¿Qué arrojaste?
No se halla la caída

Sujetamos nuestras nadas
nos suponían vírgenes

***

Metal nos ayudaba / ¿Podría ser?

32

Su inusual cordal
       liberosis hermosura
              al final del pasillo me levito

   —TÚ / quítate las sandalias / parecen estacas

Mi cuerpo se encrespa
            se ríe hasta diez millas

—Escupe recuerdos / tus sanguijuelas

       «El arranque tenía aire de los dioses»

   Cercas hacían gomas
            a cambio de borrarlas
compuertas
               traslado siempre abierto
      laberintos de colchón
             se apreciaban en inflables
    donde baila *Scurlock* / dos territorios en uno
              se hacía tierra de pasteles
   aquella cochera / dormía a mi amigo
             lo encuentro de nuevo

habla sobre su milésima muerte

                                                  bala en frente

      —Huí porque tus ancestros temieron

Comer ya no era irresistible verbo
                banquete:
                      ETERNÍZAME ALAS

    Sempiternos
                  disfraces
brotaban de halos
                          unos metros pestañeaban
                    como pomberos para nuestros deseos

                        ***

                        Flotamos
                a carcasas de padres nuestros
            en mañana
      llaves eran metales kaustos
                sus loros kaustos / de antes

33

Mi madre estaba sentada
                    en viajera silla
          corrompida su dimensión

    Mitad
              enana mitad / traía algo
                        encono / malas
          compensan con tibios de su puño
                        ¿Qué era mi hermana?
ARACNE en volcán
                    mi erizo hermano brincaba claraboya
        seguía
              pero su tulipán no residía fresco
                        donde reducen creatividad

                        No complací arañas

34

Le conté brujas a mi madre

"La mujer que enseña"
es anciana

—¿Eso es incómodo?

Son ancianas sus entrañas / me deja en castigo
sobre pequeñitas vértebras
olí humillación
ahora me serpentea
compara embriones
salieron de tu primitivo ombligo
alucina mi precoz encandilamiento
¿Qué ombligos son inmortales?

He determinado que soy pretricor
de hijo sin manto
debía nacer primero

¿Cuándo podré ser compatible con trenzas marinas?
Limones de salmón
¿Qué son?

35

¿Por qué nací después de ella y antes de él?

Parece predilecto lugar

sin temperaturas
para ser término de ambedo

no primogénito

todo se lleva

San Juan está meciendo verdad

Soy secreto

¿Qué se abraza en tormenta?

Con escarcha mezcla de fuerzas

soy azafrán

colapsando mi centro

estoy sintiendo algo certero:

no me dibujas otra magnitud

Algunas veces aclamo tu muerte

creo son céfiros de las voces

Anciana me obsequió cogitación

órbita

Soy mujercita de insólito pigmento

porque no me dibujas otra realidad

36

Senil entraña

                  columpió su vida

hasta caer en ceniza

                  sin calar

—¿Tenía aspecto de huérfana?

Espejo de mayo

          cambió a rocío

                  —¿Tenía voz de miel o era su avispa?

Parecía más elástica

Estaban para verse

        venía / misma obscena obra

37

[Voz de Hermes]

—Brezos viejos árboles a sen brasso
                    se van
amanecen cientas ojas en plomo
                    PLOMADA / no agua
        Espera Anza / no otra planta riega edda
                espera Anza
en andanza / raíces pringas tras la nuez

38

Todo parecía a frases de añeja entraña

                      sus acertijos

       Hasta cestas de basura

                se dedicaban a algo

no olvidaban

          yo misma en nuboso

       tragando mango

                 luciérnaga

          «Lo más importante / lo olvidamos»

Al entrar a la hoguera

               glucosa dejó de parecerme

        homicida

    tentadora

       se cimentó en papilla de imitada zanahoria

          Nos tocaban

           ¿Aún se menciona en comidas?

Orbe de *Orwell* / a veces fusionaba con el perdón:

   ¿Quién lo debía?   ¿Cuál esmeril?

   ¿Pudor es color saltamontes?   ¿Dignidad es billete
de dulce?

—¿Sabíamos quiénes
                          no lamían disculpas?
Rostros no eran mellizos
                  en bagre canal
             ¿Tenían valor de hurgar en mochilas?

       Se cortarían con sus nocturnos bichos
                         papeletas
                     de adicto café
          sediento beso
               hipofrenio chocolate
     lastimeras frases
            no deberían leérselas a padres
              con fracturas en sienes

«Talegas ya no son lugar privado»

40

Hace tanto
      llegaron al cimiento
                  de nuestras faltriqueras
al asiento de alargados ojos
                  Nombres no son discretos
      y nuestras pesadillas
                  producen en quinto piso
                        tiene cinta parecida a
difunto catalán
nos ha sugerido ser rata
                  para después correr a nuestra concha
                        sábana de ron

—¿Al cubrelecho le bastan las ratas?

41

Esta desnudez:
       entrar al sur del atlas / final del mundo
para exóticas arácnidas
       Arrancan con mano / setenta centímetras
telaraña con disímil aguanoso

       «Un lugar lejano no es secreto»

42

[Un lejano lugar / aquello del otro lado del lápiz]

Mamá había espantado
                    abejas de averno

        con inferior tallaje
                    para sacarme de los dos kilómetros

Temo a la mudanza
                    dejé en pausa por torres

¿Cuánto rato hemos suplicado salir del útero de este orfanato?
                    ¿Nos convirtió en sus legrados?

Salir:
        coger información de humanidad
            y al hacer movimientos de flor con mis dedos
                resulten ser dos peones / una reina o elefante

43

Descalzas aletas me dejó *Hermes*

Puedo picar banqueta
                    sin temor a lo abisal de aquel pantano
¿Mi estómago dudará sacar larvas y abandonarlas?

                    «Se escapan leones de arenisca roca»

Ya bichos de madrugada hospedaron sus huevos
                              en mis kilos perdidos
                se escabulleron a titanes de mis ideas
y llena de piojos
                              insisto
                              di mi cuerpo al baño

                    ***

Quiero salir
                    aunque calles con sus palas
            ya arrimaban arenas a mi cara

44

Ya no agitan brezos
                    con nuestros apellidos
                                no se reconocen
            Sus cuerpos chicos no me conocen
no nos unimos
        volvieron a inhalar otro polen / al ya no vernos
                                en prado lienzo
            Ya no se entreverá bizcocho de lodo
                        lo han hecho mineral
Nuestras sumergidas papeletas
                    en ciudad del fabricado cauce
                sumando espanto demográfico
                            un desapercibido

                ¿Es allá fuera sonrojado arco?

Si permanezco
                    comida no se romperá en casa
            ropa seguirá estando en su misma talla
                                    cajón

                —Contará litros grifo de bestias

                Respira hace tiempo vertedero
y tobogán vecindario de jugo
            hizo piñoso verdugo

                —*Si me voy / ¿qué se rizará aquí?*

¿Por qué parece luz llenar?

¿Dónde no hay lascivia?

QUÉ CASCARONES TAN RASOS

ya no se pelan con uñas

amarrados tan rápidos

podados ramos

corridas orillas

lugares tan pelos

gratuitos / gatos de verticales

viviendas de corriente desafiando a lo fresco

Ya no traigan más loros a jaulas

no todos germinan

46

Espero seguir
     subiendo ocultas flores
a nuevo costal
         ¿Soy otra hija?
—Hay libertad
       para mirarla en desolación de esa muerte

     Más desconfía
reciente figura

***

           Sonrieron tres pecados
      picas
        tal vez pescados

"Adiós / internado en nítida dicción de *Hermes*"
     ¿SALVARON MITAD DE PAPELETA?

—Sigue rasgando // Soy el psicopompo del desagradable
algodón.

ÍNDICE